DE LA POLICE

EN FRANCE.

¨¨

SE TROUVE,

A Paris, chez

Brunot-Labbe, Libraire, quai des Augustins ;

Delaunay, Libraire, Palais-Royal, Galerie de Bois ;

Et dans les départements, chez les principaux Libraires.

¨¨

DE LA POLICE

EN FRANCE,

ET DES RÉFORMES DONT SON ORGANISATION
ACTUELLE EST SUSCEPTIBLE ;

PAR UN ANCIEN COMMISSAIRE DE POLICE.

A ROUEN,

Chez MÉGARD, Imprimeur-Libraire,
rue Martinville, n°. 128.

1817.

DE LA POLICE

EN FRANCE.

INTRODUCTION.

La Police a pour objet de conserver aux hommes tous les avantages qu'ils se sont procurés en se réunissant en société. Considérée sous ce point de vue général, c'est sans contredit la partie essentielle du Gouvernement. Aussi, dans tous les temps et chez tous les peuples, on a reconnu la nécessité d'une administration spécialement chargée de maintenir l'ordre et la sûreté dans l'État. Les Hébreux, les Égyptiens, les Grecs et les Romains ont eu des magistrats de Police, et cette institution était régulièrement organisée dans les Gaules lorsque les Francs vinrent s'y établir. Nos premiers Rois, qui en apprécièrent l'utilité, la respectèrent, et elle subsista presqu'intacte jusqu'au siècle de barbarie qui vit naître l'usurpation féodale. La révolte des gouverneurs les ayant transformés en souverains des lieux dont ils n'étaient que les administrateurs, l'autorité légitime du Monarque ne put plus protéger, et la Police, exercée, comme toutes les autres bran-

—3

ches du gouvernement, par le caprice et l'arbitraire, n'étant plus dirigée d'après les lois ni dans les principes du bonheur social, ne formant plus qu'un système de précautions inquiètes et oppressives, devint un instrument de tyrannie.

En vain, frappés des maux du Peuple, les rois ne cessaient de chercher à rétablir l'influence salutaire de cette institution; le régime féodal contrariait et paralysait leurs mesures. Ce ne fut qu'à la longue, par des conquêtes successives, et, pour ainsi dire, insensibles, qu'ils parvinrent à remettre en mouvement les rouages essentiels de la machine destinée à garantir la sûreté publique et particulière: mais on sent qu'avec des pièces rajustées au fur et à mesure des besoins, et à de grands intervalles, ils ne purent lui donner qu'une organisation incomplète, et viciée par les atteintes que le désordre des temps avait portées à sa nature. Aussi, au commencement de la Révolution, la Police devint l'inépuisable sujet de mille satyres, tantôt justes, tantôt injustes. Elle fut signalée comme ayant été inventée et soutenue par la force pour écraser la faiblesse; e, parce que quelquefois les passions des hommes en avaient fait un abus funeste, la malveillance en tira parti pour se livrer à d'odieuses exagérations, à d'amères et sanglantes déclamations, nourries d'anecdotes scandaleuses et de détails impudents. Elle éprouva le sort des autres institutions dans le bouleversement général; la violence et l'inquisition

démagogique la remplacèrent; la fortune, l'honneur
et la vie des citoyens furent livrés à la fureur des
partis, et au milieu des débris de l'état social s'éleva
une affreuse et complète anarchie.

Cependant, cette situation des choses ne pouvait
durer long-temps; l'excès du mal rendait une crise
inévitable, et cette crise amena le régime du Directoire. Il fit, à la vérité, revivre plusieurs des an-
ciennes institutions de la Police; mais, comme ce
n'était ni pour l'avantage de l'Etat ni pour celui des
particuliers, elles reparurent mutilées et défigurées.
Destinées à maintenir des intrigants et des factieux
au timon du Gouvernement, à étouffer la voix de
la grande majorité de la Nation qui redemandait son
Roi; corrompues jusques dans leurs sources, elles
ne purent être et ne furent que des moyens de despotisme, et ne servirent qu'à tourmenter les gens
vertueux par des vexations de toute espèce. Quand
Buonaparte eut remplacé le Directoire, il les com-
bina avec tant d'artifice, pour se maintenir et affer-
mir son usurpation, que c'est peut-être à cette cause
que la France et l'Europe ont, en grande partie, dû
leurs malheurs prolongés. Je laisse à d'autres le soin
d'esquisser le tableau de ce qu'il avait nommé la
haute Police. Ce serait m'écarter du but que je me
suis proposé: j'ai voulu seulement démontrer, par
le court exposé de ce qui s'est passé jusqu'à l'époque
actuelle, que, si les passions ont pu dénaturer les
éléments de la Police et en abuser, elle seule peut

maintenir l'harmonie au milieu de cette foule d'intérêts divergents que présente l'état social, et que, sous un Gouvernement légitime et représentatif, elle ne peut être qu'une autorité tutélaire.

DE L'ORGANISATION ACTUELLE DE LA POLICE.

La Police, dans son application particulière, consiste à prévenir le mal, ou à le réprimer quand elle n'a pu l'empêcher. Elle est *administrative* dans le premier cas ; elle est *judiciaire* dans le second. La police *administrative* est ou *générale* ou *locale*. La police *générale* a pour objet spécial de prévenir tout ce qui peut compromettre la sûreté du Monarque, celle de l'Etat, le bien-être et les intérêts de la Nation. La police *locale* est instituée pour garantir les droits des particuliers, et maintenir l'ordre dans chaque localité.

La tâche de la Police, dans ses rapports administratifs et judiciaires, est immense ; aussi le nombre des agents qu'elle emploie, si étonnant au premier coup-d'œil, est peut-être encore au-dessous des besoins d'un service si vaste et si compliqué.

La police *administrative* est maintenant exercée, suivant l'importance des matières, et sous les ordres d'un Ministre du Roi, par les Préfets, les Sous-

Préfets, les Maires et les Commissaires de police. La Gendarmerie, la Garde municipale à Paris, les Sergents ou Agents de police dans les villes des départements, secondent cet exercice auquel concourent aussi par occasion les Gardes nationales, les Troupes de ligne, les Gardes-champêtres et forestiers, et les Préposés des divers impôts indirects.

La police *judiciaire*, exercée, suivant ses divers degrés, par les Procureurs généraux et particuliers du Roi, les Juges de paix, les Officiers de gendarmerie, les Commissaires de police, les Gardes-champêtres et les Gardes-forestiers, trouve des *auxiliaires* dans les Fonctionnaires administratifs, et des *agents* dans la Gendarmerie, la Garde municipale à Paris, les Sergents ou Agents de police dans les villes des départements (1).

---

(1) Tels sont les agents légaux et ostensibles de la Police, avec lesquels il ne faut pas confondre ce qu'on appelle des *observateurs*, et ce que le peuple désigne sous le nom d'*espions* ou de *mouchards*. Ces observateurs ne tiennent point à la Police, quoiqu'elle s'en serve pour connaître tous les bruits vrais ou faux qui circulent, et suivre le crime dans ses sentiers les plus ténébreux. Quoique l'espionnage ait quelque chose d'odieux en soi-même, il est impossible de ne pas convenir qu'il est une infinité de cas où, sans la ressource des observations secrètes, la sûreté publique serait éminemment compromise. Au lieu donc de juger avec sévérité, et sans en connaître le mécanisme, ce qui assure si efficacement le repos des citoyens, il faut reconnaître que, quand personne ne peut être condamné sur de sourdes accusations, ni privé de l'appui des formes établies par un Gou-

Je ne parle point ici de ces Fonctionnaires de circonstances, qu'on a appelés tantôt Commissaires généraux ou spéciaux, tantôt Lieutenants ou Inspecteurs de police. Sans place dans une organisation qui avait précédé leur création ; ils ne pouvaient exercer qu'une portion de l'autorité ministérielle, et quelques attributions démembrées de celles des Magistrats locaux, ou auxquelles on leur donnait le droit de vaquer en concurrence.

Pour en faire, relativement aux degrés intermédiaires, ce que sont les Commissaires de police relativement au dernier degré, il eut fallu les multiplier et les distribuer dans des arrondissements uniformes sur tous les points du territoire ; changer par conséquent tout le système ; appliquer aux départements celui que l'on suit à Paris, et retirer toute action en police aux Fonctionnaires institués pour des objets d'une autre nature, mais que l'économie et les relations qu'ont entr'elles les diverses branches de l'administration ont fait appeler à y concourir.

Il faut être de mauvaise foi, ou au moins dans

---

vernement paternel, le mal de l'espionnage n'est plus qu'un mal moral, qui ne peut menacer l'innocence d'aucun danger réel, et que, malgré les clameurs de la mauvaise foi, cette espèce de surveillance occulte ne peut sérieusement inquiéter l'honnête homme.

l'erreur, pour prétendre que, dans un pays libre, il ne doive pas exister de Police générale. C'est précisément là qu'elle doit être plus active et plus forte, parce qu'elle est plus restreinte dans ses moyens. Sous le despotisme, elle peut, à l'aide de prétextes toujours faciles à trouver, violer tous les droits ; elle est, au contraire, obligée, sous un régime, constitutionnel, de les respecter scrupuleusement. Sa surveillance doit donc s'accroître en raison des difficultés mêmes qui l'entravent ; mais ce n'est que d'après des bases fixes et permanentes qu'il faut en calculer l'étendue : car, si les circonstances extraordinaires où l'Etat s'est trouvé ont fait donner à la Police des attributions additionnelles, elle ne peut tarder à rentrer dans le cercle de celles qui lui sont habituelles, puisque son objet essentiel est d'assurer, sous le sceptre de la légitimité, la jouissance complète des bienfaits de la Charte à quiconque remplit les devoirs d'un sujet fidelle et d'un bon citoyen.

Ainsi, l'existence de l'Autorité chargée de veiller à la sûreté du Prince et de l'Etat, et de la préserver de toute attaque ennemie, tant à l'intérieur qu'à l'extérieur, ne peut dépendre de circonstances passagères. Elle ne cesse pas d'être le plus ferme appui du Gouvernement, par la raison qu'on n'aperçoit plus, pour le moment, d'orages qui le menacent ; il faut toujours qu'elle soit prête à conjurer ceux qui pourraient se reformer. D'ailleurs, véri-

6

table foyer de lumières, elle seule peut instruire et éclairer le Monarque sur le caractère réel de l'opinion, et lui faire distinguer celle-ci de l'esprit public du jour, qui n'en est que l'ombre. Au lieu d'aperçus spéculatifs, de conjectures vagues, de présomptions hasardées, elle peut lui fournir l'exposé fidelle des faits dont elle est seule à portée d'approfondir et de vérifier les détails, et dont, du point élevé où elle se trouve, elle peut apprécier les conséquences et saisir les rapports.

Cependant, comme les renseignements dont le recueil forme cet utile Exposé, sont pris sur un grand nombre de points, et qu'ils en partent quelquefois à des intervalles très-éloignés, le Ministère ne pourrait les comparer sans affaiblir son action en la divisant trop, si d'abord ils n'étaient rapprochés et épurés dans des foyers secondaires; c'est-à-dire, si des intermédiaires ne les lui présentaient sans exagération et sans réticence, avec précision et cependant d'une manière détaillée. L'objet des intermédiaires est donc de communiquer l'impulsion du centre à la circonférence, et de reporter les résultats de la circonférence au centre. Mais leur surveillance exercée dans des limites peu étendues, ne peut pas toujours juger, quant à l'intérêt général, de l'importance des événements qu'elle observe, puisque d'autres faits passés hors de sa sphère d'activité, peuvent se rattacher à ces événements, et qu'alors ce n'est qu'au centre que la liaison peut en devenir remarquable. Ainsi, pour que la Police puisse atteindre le but pour lequel elle est instituée, elle ne peut se passer ni d'une autorité centrale, ni d'intermédiaires.

Au surplus, les intermédiaires deviennent eux-mêmes des centres particuliers à l'égard des portions de territoire auxquelles ils sont préposés, lorsqu'il s'agit de mesures qui ne concernent que ces portions de territoire : mais, en ce cas là même, si ce n'est à Paris et dans un petit nombre de grandes villes, ils ne sont pas proprement des fonctionnaires de police, puisqu'ils ont été créés pour d'autres branches de l'Administration. Il n'y a que les Commissaires de police et la Gendarmerie qui, par la nature de leur institution, soient spécialement affectés par-tout au maintien de la sûreté publique.

Les Commissaires de police sont, comme on l'a vu, fonctionnaires tantôt de l'Ordre administratif, tantôt de l'Ordre judiciaire. Ils forment le dernier anneau de la chaîne où ces deux branches du Gouvernement se trouvent en contact. Les droits d'action et de surveillance que la Loi délègue sur eux à diverses Autorités, leur subordination, leur dépendance hiérarchique varient suivant l'espèce des fonctions qu'ils exercent. Les Législateurs ont consacré ces principes; mais comment l'application s'en ferait-elle, lorsque tant de Magistrats d'ailleurs instruits, mais trop disposés à généraliser des attributions partielles et limitées, ne peuvent concevoir que, dans beaucoup de circonstances, des Fonctionnaires qui leur sont subordonnés, cessent de l'être tout-à-fait ? Voilà de quelle manière les Commissaires de police se rencontrent souvent dans des situations insuportables, sont tiraillés en sens contraire par des Autorités chargées de les surveiller, souffrent des rivalités de celles-ci, se ressentent des froissements qu'entraînent ces rivalités, et sont tant de fois devenus victimes des conflits de ces mêmes Autorités ; sur-tout dans les lieux où l'établissement d'Agents supérieurs de la Haute-Police leur imposait une triple subordination immédiate, envers des Fonctionnaires dont les attributions étaient mal définies, et dont par suite l'action se croisait sans cesse.

Soumis à l'action des Maires dans leurs attributions administratives, et à celles des Autorités judiciaires dans les autres, ils sont traités presque par tout d'une manière bien différente par ces deux sortes de Magistrats. Ceux de l'Ordre judiciaire se contentent de les surveiller, de les requérir ; mais ils ont en général pour eux les égards dus aux titulaires d'un office que le Roi a jugé assez important pour s'en réserver la nomination. Les Fonctionnaires municipaux, au contraire, oubliant la plupart que la considération dont ils entoureraient les Commissaires de police tendrait à l'accroissement de la leur propre, se dispensent de ces égards. Il est même des

Cités où, jusque dans leur correspondance, ils affectent de leur refuser ces banales formules d'honnêteté que chacun prodigue au dernier des hommes. Changeant un simple droit de surveillance et de réquisition en pouvoir arbitraire, et prenant le ton le plus impératif, ils les chargent fréquemment d'une foule d'opérations étrangères à leur service ; leur intiment des ordres sur des matières rentrant dans les attributions judiciaires ; les transforment en commissionnaires ; et les ravalent au point de leur imposer des corvées remplies ailleurs par des tambours, des valets de ville et des chasse-gueux.

Une telle servitude suffirait pour éloigner le mérite de ces emplois, quand les désagréments qu'entraîne la nature de leurs fonctions auraient des compensations. Pour les remplir avec intégrité, il faut se résoudre à sacrifier les intérêts particuliers à l'intérêt général, et par conséquent s'exposer à se faire des ennemis. Sans doute, il n'en serait pas ainsi, si les hommes étaient justes ; mais les passions ne leur permettent pas de bien voir dans ce qui leur est personnel. Le Juge, en montant sur le siège, a toujours la désagréable certitude de faire un mécontent de chaque plaideur qu'il sera forcé de condamner. Exercer une fonction essentiellement répressive, c'est donc se dévouer aux haines, parce qu'il est moralement impossible que ceux qu'une Autorité réprime, soient les apologistes de cette même Autorité. Les Commissaires de police sont perpétuelle-

ment, et plus encore que tous les autres Fonctionnaires, en butte à la malveillance; ils devraient
donc en être dédommagés par la protection de leurs
Supérieurs, par des appointements proportionnés
aux fatigues de leur pénible et important service, et
par la perspective d'obtenir de l'avancement et une
retraite. Loin de jouir de ces avantages, dont tant
d'autres Fonctionnaires et Agents sont en possession,
quoique sans contredit moins utiles, leur modique
traitement est annuellement débattu (2) dans le
Conseil municipal, par ceux-là mêmes à l'égard desquels ils peuvent chaque jour se trouver dans le cas
d'exercer; de sorte qu'il en résulte une espèce de
dépendance qui les oblige à user d'injustes ménage-
ments, ou à s'exposer, en n'écoutant que la voix de
leur conscience, à des ressentiments et à des ven-
geances dont plus d'une fois leurs ressources ont
éprouvé les effets (3).

C'est peut-être parce que les fonctions des Maires
sont gratuites, qu'ils se conduisent envers les Com-

---

(2) Qu'on ne dise pas qu'une décision du Gouvernement à
fixé les traitements et les frais de bureau des Commissaires de
police; les Conseils municipaux savent fort bien que, d'après
l'arrêté rendu à l'égard des Commissaires d'Abbeville et d'Amiens,
cette fixation n'est qu'indicative et nullement impérative.

(3) En 1806, un Conseiller municipal, avec lequel j'avais eu
quelque démêlé étranger à mon service, fit supprimer, sous le
prétexte de l'embarras de la caisse municipale, une indemnité que
j'avais obtenue pour mes frais de bureau.

missaires de police autrement que des Autorités judiciaires. Sans responsabilité réelle, ou du moins sans
crainte de compromettre la conservation d'emplois
qui ne leur rapportent rien, ils doivent être plus
disposés à se faire illusion sur leur pouvoir, à s'en
exagérer l'importance et à en outrer l'exercice : en
un mot, ils ne peuvent avoir la même retenue que
des Magistrats vivant du produit de leur office (4).
D'un autre côté, comment les Ordonnateurs des
dépenses municipales pourraient-ils s'imaginer que
des Fonctionnaires, payés sur leurs mandats, sont,
dans une infinité de cas, indépendants de leur action,
et soumis exclusivement à celle d'autres Magistrats,
desquels ils ne reçoivent rien ?

Quoi qu'il en soit, le mode de paiement des
Commissaires de police, nuit plus qu'on ne pense
au succès de leur institution. Il a d'ailleurs l'incon-
vénient de les *localiser trop*, si l'on peut s'exprimer

---

(4) Ils sont aussi plus sous le joug du chapitre des considérations,
et presque par-tout leurs actes se ressentent de son influence. Il serait même possible que la Police se fît avec plus de suite, de fermeté
et de vigueur, et moins d'hésitation ou de commérage, s'ils ne s'en
mêlaient plus, ou du moins s'ils ne pouvaient intervenir dans
son administration que par voie de réquisition, sans conserver
d'action directe. Qu'on ne dise pas que cette attribution leur
soit essentielle, ni qu'en la leur ôtant ce serait affaiblir la dignité de leur charge. A Paris, quoique sans aucune fonction de
police, ils sont peut-être plus respectés qu'ailleurs ; parce qu'ils
n'ont à s'y occuper que de la répartition des charges publiques,
des secours et des bienfaits du Gouvernement.

ainsi, en les isolant du corps dont ils font partie, et auquel la forme de leur nomination a pour objet de les rattacher. Certes, un prélèvement d'un quarantième ou d'un cinquantième sur les revenus des Communes *pour tous frais de police*, les soustrairait aux influences locales, sans cependant détruire leur subordination légale envers les Maires, qui au surplus se trouverait réduite à ce qu'elle doit être. Cela se bornerait à les placer vis-à-vis de ces Magistrats, dans la même position où ils se trouvent à l'égard des Procureurs du Roi, qui, quoiqu'ils ne les paient pas, exigent qu'ils s'acquittent de leurs devoirs judiciaires.

Ce ne serait pas le seul avantage qu'y trouverait le Gouvernement, puisque le prélèvement dont il s'agit deviendrait un fonds commun, qui lui offrirait la ressource de proportionner les traitements à raison de l'importance des lieux, dont la masse de la population ne fait pas toujours la juste mesure ; et même il pourrait établir des Commissariats sur des points où l'on en conçoit l'utilité, mais où, dans le système actuel, le défaut des revenus municipaux de ces points s'oppose à leur création.

La Police prendrait la consistance d'une administration toute organisée par le seul résultat de cette affectation, qui ne serait pas un nouveau fardeau pour les villes, puisqu'elles paient déjà leur police, et qui ne grèveraient pas les communes

rurales, puisqu'elles ont si long-temps payé le
vingtième de leurs revenus pour une compagnie
de réserve, du service de laquelle elle ne jouis-
saient pas. En effet, plus de difficulté pour former,
au moyen d'une retenue, une caisse de pensions et
de retraites ; plus d'obstacle à l'introduction de
l'usage des permutations qui a lieu avec tant de
succès dans plusieurs administrations, où pourtant
la connaissance des localités n'est pas à dédaigner,
telles que celles des Impôts indirects, des Douanes
et de la Gendarmerie. Quand on possède bien la
théorie de ses fonctions, la science du personnel
s'acquiert aisément dans leur exercice-pratique. La
crainte que ces permutations ne pussent nuire aux
intérêts particuliers des villes, s'évanouit d'elle-
même, lorsqu'on réfléchit que l'esprit local conser-
verait toujours assez d'empire, puisque les Commissaires resteraient sujets à la surveillance et à la réquisition des Maires ; mais elles garantiraient contre
un danger bien plus réel, en prévenant les incon-
vénients que présente l'influence de l'esprit local,
lorsqu'elle est trop active et qu'elle est en opposition
avec les intérêts de l'Etat. Au surplus, comme dans
les autres administrations, elles s'opéreraient avec
discernement et sans devenir nuisibles au bien du
service.

Avec de telles mesures, la classe des Commissaires
de police, qui, il faut l'avouer, est en général la
moins bien composée de toutes les autres classes de

Fonctionnaires, s'épurerait, et leur emploi repren-
drait cette dignité qui seule commande l'estime et
facilite l'exécution des devoirs. La certitude d'un
avenir, celle d'obtenir une honnête existence et de
la considération, porterait des sujets instruits à re-
chercher ces fonctions ; au lieu qu'aujourd'hui ils
les dédaignent, et que le petit nombre d'entr'eux
qui les acceptent comme un pis aller, les quittent
dès qu'ils en trouvent l'occasion.

Des hommes sans capacité ne s'exposeraient plus
à compromettre par leur ignorance des fonctions
auxquelles est attaché le maintien de la sûreté publique et particulière, et qui, pour être bien remplies, exigent des connaissances aussi étendues que
variées, en raison de la multiplicité des objets sur
lesquels elles sont destinées à s'exercer. D'un autre
côté, s'il n'était plus possible d'entrer dans cette
partie, sans au moins en avoir étudié et appris les
détails essentiels, soit comme *surnuméraire*, soit
comme *élève*, l'État et le Public trouveraient dans
cette salutaire restriction une garantie, et le Gouvernement un nombre d'Agents volontaires et gratuits.

En effet, il existe aujourd'hui une foule de per-
sonnes qui, sans consulter leur insuffisance, poussent
la témérité jusqu'à se charger d'attributions dont,
loin d'être en état d'apprécier l'importance, elles
ne connaissent même pas les premiers éléments.
Croient-elles que, sans avoir des notions exactes

sur tout ce qui intéresse la Religion, les Mœurs, la Santé, les Aliments, la Voierie, la Sûreté, le Commerce, les Arts, les Professions, la Mendicité, etc., il soit facile d'exécuter convenablement les Lois et Réglements rendus sur tant de matières? Croient-elles que, sans avoir sondé les profondeurs du cœur humain, et sans la ressource d'une éducation passable, on puisse, dans les premiers actes d'une procédure criminelle, démêler la vérité et fixer les traces si souvent fugitives des délits et des crimes, traces pourtant sur lesquelles il est d'autant plus nécessaire de ne pas se méprendre que la moindre erreur peut entraîner les plus redoutables suites? Ignorent-elles qu'il faut non-seulement un sens droit, mais même quelques talents pour dresser des actes souvent destinés à devenir la base fondamentale sur laquelle les tribunaux décident de la fortune, de l'honneur et de la vie des hommes? Ignorent-elles que, dans le but de prévenir ce qui plus tard pourrait être tenté pour séduire le Juge et tromper sa conscience, il est de rigueur que les faits qu'ils constatent soient rassemblés avec une fidélité scrupuleuse, exposés avec simplicité, et développés avec le plus de clarté possible?

Certes, une telle tâche ne peut, quoiqu'on en dise, être bien remplie par tout le monde indistinctement. Si, par ce motif, les Lois l'ont spécialement imposée à des Magistrats pris dans un ordre qui offre à cet égard plus de garanties que

la classe des Commissaires de police, il n'en est
pas moins constant que dans le fait ces Commissaires, qui n'en sont chargés qu'à défaut et comme
auxiliaires, informent seuls en premier lieu sur les
crimes et délits, à quelques exceptions bien rares
près. Cela vient sans doute encore de la nature de
leurs attributions, et de ce que, habituellement occu-
pés de recherches et de découvertes, ils sont plus
propres que toutes les autres espèces de Fonctionnaires à recueillir des indices, et ont plus de moyens
de les utiliser.

Ce ne serait point assez d'avoir des Commissaires
de police instruits, si, dans les villes où il y en
a plusieurs, ils ne pouvaient se concerter pour diriger leurs opérations dans un même esprit, et se
communiquer les renseignements et avis que chacun
aurait pu recevoir. En effet, sans ce mutuel échange,
leur surveillance, bornée à l'arrondissement où ils
exercent le plus habituellement, ne pourrait embrasser toute la ville, et, par une suite nécessaire
du défaut d'intelligence qui régnerait entr'eux, et
qui produirait leur isolement respectif, les gens
suspects et les coupables éluderaient facilement leur
action. Les Commissaires ne relevant de l'Autorité
municipale que pour une partie de leurs fonctions,
et cette Autorité ne leur servant de point commun
que relativement à certains objets, il conviendrait
peut-être qu'il y eut, dans chacune des villes dont
il s'agit, un bureau central où chacun d'eux serait

alternativement de permanence, où aboutiraient les renseignements intéressant tous les arrondissements, ou d'une utilité générale, et où, à certaine heure de la journée, se tiendrait une conférence sur le service. Outre les avantages évidents de ce système, il offrirait au public celui de trouver constamment un Fonctionnaire prêt à recevoir les plaintes, à pourvoir aux flagrants délits et autres cas qui requièrent célérité. Toutes les opérations seraient liées ; le fil des renseignements recueillis ne se couperait pas en passant d'un arrondissement dans un autre, et les Commissaires pourraient vaquer à celles de leurs fonctions qui exigent des courses extérieures, sans craindre que, pendant le temps qu'ils y emploieraient, des circonstances urgentes venant à se présenter, leur absence ne donnât lieu à des retards préjudiciables au bien public, et capables de compromettre la sûreté des citoyens.

Presque partout, sous le nom de *Sergents*, *Agents* ou *Gardes* de police, les Commissaires ont des aides chargés de leur prêter main-forte, d'exécuter les dispositions qu'ils prescrivent, et d'exercer, sous leur direction, une surveillance relative à diverses parties de l'ordre public. Ces Préposés ont cela de commun avec les Commissaires, qu'ils sont consacrés en entier au service de la Police, et qu'ils n'en sont distraits par aucune autre occupation. En vain, l'on tenterait de les suppléer en recourant à l'assistance des troupes de ligne et de la Garde nationale ; la surveillance des postes, essentiellement limitée, est nulle dans la plupart des circonstances ; tandis que trois ou quatre gardes embusqués, ayant l'avantage de l'habitude et du mystère, feraient plus de captures que toutes les patrouilles imaginables, parce qu'elles sont trop bruyantes et ne peuvent avoir d'expérience.

Si ces emplois subalternes étaient rattachés à l'Administration générale, et si l'on assurait à ceux qui les exercent une solde et des retraites, on ne manquerait pas de bons sujets pour les remplir. D'un autre côté, par les services qu'ils rendent actuellement même, malgré leur mauvaise composition, les vices, l'incohérence et la bigarrure de leur organisation, on peut juger de ce qu'on obtiendrait d'hommes mieux choisis et encouragés par la certitude de tenir à quelque chose.

Mais, quand ces Agents feraient partie d'une Institution régulière, il n'y a que la Gendarmerie dont l'action puisse embrasser tous les points du Territoire. C'est d'ailleurs la force légale spécialement affectée au maintien de l'ordre, à la recherche et à la repression de tout ce qui pourrait le troubler. Son influence est grande à cet égard ; mais cependant la Gendarmerie, malgré ses rapports intimes, habituels et obligés avec la Police et la Justice, se considère comme un corps qui en est distinct, et ne veut reconnaître pour chefs que ceux auxquels la soumet une hiérarchie qui lui est propre.

Certains réformateurs prétendent qu'ainsi placée hors de la dépendance de la Police, la Gendarmerie en est plutôt la rivale que l'auxiliaire ; que même ayant une organisation régulière, elle a plus de consistance qu'une institution dont les parties éparses ne font pas un seul tout ; que, présentant le phénomène d'une administration armée, et se trouvant répandue par-tout, elle peut servir aux entreprises du despotisme ; que cette idée n'était point échappée à Buonaparte, et que non-seulement il avait employé la Gendarmerie au soutien de son usurpation, mais qu'il en avait fait un véritable second ministère de la police, sous le titre d'*Inspection générale*, afin d'en tirer un plus grand parti ; qu'encouragé par les succès qu'il en avait obtenus, et ne pouvant asservir l'Espagne avec des armées, il avait essayé de la soumettre en y formant une semblable troupe ; qu'ainsi, pour éviter les dangers de l'institution, et n'en conserver que les avantages, il faudrait maintenir le corps, mais en isoler les membres, c'est-à-dire, supprimer comme de véritables *Sinecures* ruineuses pour le Gouvernement, les places d'officiers de cette arme ; qu'en effet sa réunion en légions, escadrons et compagnies, est essentiellement contraire à la nature de son service, et que, dans les cas où la sûreté publique obligerait à déployer de telles masses, les corps de la

ligne pourraient la suppléer avec succès ; que, d'un
autre côté, les officiers sont tellement inutiles à
l'action des brigades, qu'à peine leur existence est
sensible pour elles ; que, bornés à exercer à leur
égard une surveillance superficielle pour objets de
discipline et de comptabilité, ils seraient facilement
et utilement remplacés dans ces fonctions par les
Préfets, les Sous-Préfets, et même, si on le voulait,
par les commandants militaires ; qu'en transportant
aux maréchaux-de-logis et brigadiers l'attribution
d'*Officiers de police judiciaire*, donnée par la Loi
à leurs chefs actuels, mais dont il serait impossible à la plupart de justifier qu'ils ont jamais fait
usage, ces maréchaux-de-logis et brigadiers, alors
immédiatement subordonnés à l'administration civile, débarrassés d'écritures qui absorbaient tout
leur temps et les détournaient de l'objet essentiel,
n'auraient plus aucune tendance à s'isoler de la ma-
gistrature, et deviendraient de véritables Fonctionnaires de police qu'il serait possible de rendre très-
utiles et de rapprocher des officiers actuels de cette
partie.

Quoi qu'il en soit, effrayé par la hardiesse d'un
tel projet de réforme, je regarderais au moins
comme imprudent de toucher aussi intimement à
une organisation qui a pour elle l'autorité de l'expérience, et sans laquelle le maintien de la discipline,
dans une force armée quelconque, semble impossible. Mais, si l'on doit toujours redouter le danger

des innovations, tout le monde cependant s'accorde à désirer que la Gendarmerie ait une existence moins distincte, qu'elle ait plus de liaisons avec la Police, et que la distribution de ses fonctions subisse quelques changements propres à produire ce résultat. La possibilité de cet état de choses est démontrée par l'exemple de la Douane ; nous y voyons en effet la partie administrative et la partie militaire, quoique chargées chacune d'un service particulier, se confondre et ne former qu'un seul tout avec un même centre. Sous le règne de Louis XIV, Colbert essaya d'attacher la Maréchaussée à l'Administration civile ; mais, parce qu'elle avait eu une origine militaire, Louvois voulut la conserver dans les attributions de son ministère, quoiqu'alors elle eût déjà subi une métamorphose presque complète. On ne peut que se tromper en jugeant ainsi du sort d'une institution, non sur ce qu'elle est, mais sur ce qu'elle a été. Au surplus, la Gendarmerie, à l'uniforme près, est encore moins militaire, par la nature de ses fonctions, que ne l'était la Maréchaussée, du temps de Colbert ; elle n'est plus maintenant que la partie active de la Police, qu'il n'est pas impossible d'amalgamer avec la partie administrative, si l'on veut y appliquer le système de fusion qui unit si parfaitement ces deux parties dans les Douanes, et procurer au Ministère, sans augmentation de dépense, des intermédiaires pris dans le sein même de l'Administration qu'il dirige.

CONCLUSION.

La Police, considérée dans son état actuel, res-semble à un corps dont la tête reposerait sur un tronc d'emprunt, et dont les membres, abandonnés tant à eux-mêmes qu'à des influences externes, n'auraient aucune espèce de régularité dans les mou-vements. Ce serait donc à replacer l'action de ces membres dans les rapports qu'elle doit avoir avec les directions de la tête qu'il faudrait s'attacher, et l'on pourrait y parvenir en rompant les faibles liens qui gênent et embarrassent cette action. Alors, la Police serait forte dans toutes ses parties ; tout y serait en harmonie ; on ne verrait plus des agents de cette Administration, comme cela est trop souvent arrivé, méconnaître les principes qui doivent la diriger, s'écarter de la ligne tracée par l'Autorité centrale, et prêter des armes à la malveillance par une con-duite inégale, violente et oppressive. Tous, au con-traire, ramenés vers un système d'unité et soumis à la même impulsion, concoureraient à l'envi à proté-ger les droits des citoyens, à garantir la sécurité des honnêtes gens, et à veiller enfin pour le bonheur et le repos de chacun.

FIN.

www.ingramcontent.com/pod-product-compliance
Lightning Source LLC
Chambersburg PA
CBHW060803280326
41934CB00010B/2542